www.doradcaserwisowy.com.pl

I0620383

JAK ZOSTAĆ PROFESJONALNYM DORADCĄ SERWISOWYM, PRZEWODNIK PO NAJLEPSZYCH PRAKTYKACH

BY

PATRICK ZIEBA

www.doradcaserwisowy.com.pl

Prawa autorskie © 2025 – Patrick Zieba – Wszelkie prawa zastrzeżone.

Nie jest legalne powielanie, kopiowanie ani przesyłanie jakiejkolwiek części tego dokumentu w formie elektronicznej lub drukowanej. Nagrywanie tej publikacji jest surowo zabronione.

Spis treści

Wstęp: Z serwisowego frontu na szczyt

Każdy, kto pracował w serwisie samochodowym, wie, że doradca serwisowy to jeden z najważniejszych ludzi w całym zespole. Jesteś nie tylko „łącznikiem" między klientem a mechanikami, ale przede wszystkim twarzą firmy - to Ty musisz rozwiązywać problemy, tłumaczyć zawiłości techniczne i budować relacje. Nie jest łatwo, prawda?

Ale uwierz mi - da się to zrobić dobrze. Sam zaczynałem od roli doradcy serwisowego i wiem, z czym mierzą się osoby na tym stanowisku. Byłem na Twoim miejscu: pierwsze rozmowy z klientami, stresujące sytuacje, konieczność tłumaczenia kosztów napraw i ciągłe lawirowanie między oczekiwaniami klientów a możliwościami zespołu. Dziś, jako kierownik dużego serwisu, wiem, jakie błędy popełniałem i co mogłem zrobić lepiej. Tym ebookiem chcę Ci pomóc uniknąć tych błędów.

Znajdziesz tu praktyczne porady, sprawdzone techniki i przykłady z życia, które pomogą Ci lepiej obsługiwać klientów, radzić sobie z trudnymi sytuacjami i budować swój autorytet w branży. Pamiętaj, że wszystko zaczyna się od Ciebie - Twojego podejścia, organizacji i chęci działania. Jeśli po przeczytaniu tego ebooka uznasz, że chcesz się rozwijać jeszcze bardziej, zapraszam Cię na indywidualne szkolenia, podczas których pomogę Ci osiągnąć Twoje cele.

Kluczowe umiejętności doradcy serwisowego - podstawa sukcesu

Jako doradca serwisowy, kluczowe jest, abyś posiadał zarówno umiejętności techniczne, jak i interpersonalne. Tylko wówczas będziesz w stanie skutecznie doradzać klientowi, dbając o jego samochód, jak i o jego zadowolenie z obsługi.

Ważne umiejętności doradcy serwisowego:

- Doskonała komunikacja z klientem
- Znajomość technologii i produktów
- Umiejętność rozwiązywania problemów

Dzięki tym umiejętnościom staniesz się nie tylko doradcą, ale również partnerem klienta, który pomoże mu podjąć najlepsze decyzje dotyczące jego pojazdu.

Budowanie marki osobistej - jak wyróżnić się na rynku serwisowym

Budowanie własnej marki jako doradcy serwisowego jest kluczowe, jeśli chcesz odnieść sukces. Aby wyróżnić się na rynku, musisz być postrzegany jako ekspert w swojej dziedzinie, na którym można polegać.

Udzielanie wartościowych porad - stawiaj na rzetelną wiedzę i rozwiązania, które naprawdę pomogą klientowi.

Zaufanie - buduj trwałe relacje z klientami poprzez regularną komunikację, a także poprzez dotrzymywanie obietnic.

Dzięki tym zasadom zbudujesz lojalność klientów, a Twoja reputacja będzie rosła.

Budowanie zespołu - rola doradcy w serwisie

W roli doradcy serwisowego ważne jest nie tylko, jak radzisz sobie z klientami, ale także jak współpracujesz z zespołem. Jako lider zespołu serwisowego, musisz dbać o spójność działań i efektywność pracy.

Kilka kluczowych zasad:

- Motywacja zespołu - dawaj przykład, jak być profesjonalnym i zaangażowanym doradcą.
- Szkolenia i rozwój - inwestuj w rozwój swojego zespołu, by był na bieżąco z nowinkami technologicznymi i najlepszymi praktykami.
- Pamiętaj, że kierownicy serwisów często pochodzą z tego samego zespołu, w którym wcześniej pracowali jako doradcy serwisowi. To właśnie zespół daje im doświadczenie i umiejętności do dalszego rozwoju.

Obsługa trudnego klienta - jak zachować profesjonalizm w trudnych sytuacjach

Jako doradca serwisowy, zdarzy się, że będziesz musiał obsługiwać trudnych klientów. Ważne jest, by zachować spokój, rozwiązywać problemy i nie dać się ponieść emocjom.

Przykład: Miałem kiedyś klienta, który krzyczał na doradcę serwisowego, próbując obarczyć winą serwis za błędy, które nie wynikały z naszej strony. Patrząc na mnie, zasugerował wzrokiem, aby dał mu swoją wizytówkę. Podsłuchał, jak prowadzę rozmowę z innym klientem i docenił moje podejście. Dałem mu swoją wizytówkę i stał się moim stałym klientem.

Komunikacja z klientem - jak proaktywnie dbać o relację

Proaktywność jest kluczowym elementem w obsłudze klienta. Jeśli to klient dzwoni zapytać o status naprawy, oznacza to, że już za późno, a to obniża poziom świadczonych usług w jego oczach. Ważne jest, aby informacje o statusie auta wychodziły od doradcy, a nie po zapytaniu od klienta.

Zapamiętaj:

- Kontakt z klientem powinien być regularny, nawet jeśli auto nie jest jeszcze w pełni zdiagnozowane.
- Zawsze informuj o postępach w pracy, a nie tylko wtedy, gdy pojawią się problemy.
- Dzięki temu klient poczuje się pewniej i bardziej doceni Twoje zaangażowanie.

Rozwój kariery doradcy serwisowego - jak stawiać na proaktywne działanie i doskonalenie swoich umiejętności

Aby osiągnąć sukces w tej branży, nie wystarczy tylko wykonywać swoich codziennych obowiązków. Kluczem jest nieustanne doskonalenie umiejętności, nauka proaktywnego działania i poszukiwanie okazji do sprzedaży dodatkowych usług.

Proaktywność - staraj się przewidywać potrzeby klientów i proponować im odpowiednie usługi.

Szkolenia i certyfikaty - inwestuj w rozwój swoich kompetencji zarówno technicznych, jak i interpersonalnych.

Twoja kariera doradcy serwisowego będzie się rozwijała, jeśli będziesz na bieżąco z nowinkami i stale podnosił swoje umiejętności.

Rozdział 1: Pierwsze wrażenie - Twoja wizytówka

Bycie skutecznym doradcą serwisowym wymaga szerokiego wachlarza umiejętności - od doskonałej komunikacji po znajomość nowoczesnych technologii samochodowych.

Pierwsze wrażenie robi się tylko raz - w pracy doradcy serwisowego to święta prawda. Klient często przychodzi do serwisu w momencie, gdy jego dzień jest już popsuty: samochód odmówił posłuszeństwa, pojawił się niespodziewany wydatek, a czas naprawy to kolejne utrudnienie. W takiej sytuacji Twoje podejście może sprawić, że klient poczuje się zaopiekowany lub jeszcze bardziej zestresowany.

Jak zrobić dobre pierwsze wrażenie?

Wygląd i postawa: nie chodzi tu tylko o schludny ubiór - Twoja mowa ciała mówi więcej, niż myślisz. Uśmiech, otwarta postawa i pewny ton głosu budują w klientach poczucie, że mają do czynienia z profesjonalistą.

Przywitanie: klient musi poczuć, że to właśnie jego sprawa jest dla Ciebie najważniejsza. Powitaj go z uśmiechem, przedstaw się i od razu zaoferuj pomoc. Na przykład: „Dzień dobry, jestem [Twoje imię], czym mogę dziś pomóc?"

Pierwsze pytania: Pierwsze chwile rozmowy są kluczowe - to moment, gdy klient ocenia, czy faktycznie chcesz mu pomóc. Słuchaj aktywnie, zadawaj konkretne pytania i upewniaj się, że dobrze rozumiesz problem.

Anegdota z życia: kiedy zaczynałem jako doradca serwisowy, pamiętam sytuację, w której klient przyszedł do mnie bardzo zdenerwowany. Samochód odmówił posłuszeństwa tuż przed ważnym wyjazdem, a on od wejścia zaczął się wyładowywać. Mój błąd? Próbowałem od razu przejść do szczegółów technicznych, zamiast dać mu chwilę na „wygadanie się" i opanowanie emocji. Po tamtej rozmowie nauczyłem się, że czasem wystarczy okazać trochę empatii, żeby klient poczuł, że jego problem traktuję poważnie.

Podsumowanie kluczowych umiejętności:

- Słuchaj aktywnie i zadawaj precyzyjne pytania.
- Znaj swoje produkty i usługi na wylot.
- Rozwiązuj problemy szybko i efektywnie.

Zapamiętaj:

- Efektywna komunikacja z klientem to fundament Twojej pracy.
- Techniczna wiedza na temat pojazdów i usług buduje zaufanie.
- Umiejętność szybkiego i skutecznego rozwiązywania problemów wyróżnia profesjonalistów.

Rozdział 2: Klient z problemem - jak być jego partnerem, a nie wrogiem

Klient, który przychodzi do serwisu, zwykle nie jest w najlepszym nastroju. Samochód, który miał być niezawodny, sprawił problem, a teraz stoi przed nim wizja kosztów, straty czasu i potencjalnych komplikacji. Twoja rola? Zbudować most, a nie mur - zrozumieć, co czuje klient i pokazać, że jesteś po jego stronie.

Zrozumienie emocji klienta: klient przychodzi z problemem, nie z pretensjami do Ciebie. Często zdenerwowanie jest wyrazem frustracji, a nie ataku personalnego. Staraj się to rozdzielić.

Słuchaj aktywnie. Klient chce czuć, że go rozumiesz - zadawaj pytania, parafrazuj jego wypowiedzi („Rozumiem, że zależy Panu na szybkim rozwiązaniu, ponieważ...") i okazuj empatię.

Radzenie sobie z trudnym klientem. Trudny klient to wyzwanie, które możesz obrócić na swoją korzyść. Oto sprawdzone techniki:

Nie odpowiadaj emocją na emocję. Gdy klient podnosi głos, zachowaj spokój. Twój opanowany ton pomoże obniżyć napięcie.

Akceptuj emocje, ale skup się na faktach. „Rozumiem, że ta sytuacja jest dla Pana trudna. Pozwoli Pan, że wyjaśnię, co możemy zrobić, aby ją rozwiązać."

Nie obiecuj cudów, ale zawsze zaproponuj konkretne rozwiązanie. Klient bardziej doceni szczerą informację o czasie naprawy niż puste obietnice, które później okażą się nierealne.

A co, gdy to Twój serwis popełnił błąd?

Błędy zdarzają się każdemu - sztuka polega na tym, jak sobie z nimi poradzisz.

Przyznaj się do błędu, jeśli jest oczywisty. Unikanie odpowiedzialności tylko pogarsza sytuację. Powiedz: „Rzeczywiście widzimy, że mogło dojść do pomyłki. Chcemy to jak najszybciej naprawić."

Zaproponuj konkretne rozwiązanie. Możesz zaoferować ponowną naprawę, rabat lub inne formy rekompensaty, zależnie od sytuacji.

Zadbaj o stały kontakt z klientem. Informuj go na bieżąco o postępach, żeby miał poczucie, że priorytetowo traktujesz jego sprawę.

5 pytań, które musisz zadać każdemu klientowi

1. Co się dokładnie dzieje z samochodem?
2. Czy zauważył/a Pan/Pani coś szczególnego przed wystąpieniem problemu (np. dźwięki, kontrolki)?
3. Jakie są Pana/Pani oczekiwania co do terminu realizacji?
4. Czy coś podobnego już się kiedyś zdarzyło?
5. Czy mogę jeszcze w czymś pomóc lub coś wyjaśnić?

Anegdota z życia: pewnego dnia byłem świadkiem, jak klient awanturował się z innym doradcą serwisowym. Było widać, że jest sfrustrowany i nie wierzy, że jego sprawa zostanie dobrze załatwiona. W tym samym czasie prowadziłem rozmowę z innym klientem, wyjaśniając szczegóły naprawy spokojnym, rzeczowym tonem. Gdy kończyłem rozmowę, ten zdenerwowany klient spojrzał na mnie i wyraźnym gestem dał mi do zrozumienia, że chciałby, żebym to ja się nim zajął. Wręczyłem mu swoją wizytówkę. Kilka dni później odezwał się z prośbą o pomoc, a ostatecznie został moim stałym klientem, wracając do mnie przez wiele lat.

Zapamiętaj:

- Twoja reputacja opiera się na kompetencji i zaufaniu klientów.
- Udzielaj rzetelnych porad i regularnie komunikuj się z klientami.
- Buduj swój wizerunek także online, np. na LinkedIn, jako eksperta w branży.

Rozdział 3: Sprzedaj naprawę, a nie stres

Doradca serwisowy to nie tylko osoba, która przyjmuje auto i zapisuje, co należy zrobić. To również ktoś, kto potrafi sprzedać klientowi nie tylko naprawę, ale także spokój i pewność, że jego samochód trafił w odpowiednie ręce.

Jak rozmawiać o kosztach i naprawach?

Koszt naprawy to jeden z najbardziej drażliwych tematów w rozmowie z klientem. Niezależnie od tego, czy koszt jest wysoki, czy niski, Twoim zadaniem jest wyjaśnić go w sposób jasny i profesjonalny.

Przejrzystość jest kluczem. Klient musi wiedzieć, za co płaci. Zamiast „Naprawa kosztuje 500 zł", lepiej powiedzieć: „Naprawa obejmuje wymianę części, które kosztują 350 zł, plus robocizna 150 zł. Łącznie wyniesie to 500 zł."

Pokazuj wartość usługi. Klient nie płaci tylko za część, ale za Twoją fachową diagnozę i gwarancję jakości wykonania. Warto to podkreślić, aby czuł się pewniej, inwestując w naprawę.

Sprzedaż dodatkowych usług - sztuka dosprzedaży

Doradca serwisowy to również osoba, która potrafi wyjść poza standardową naprawę i wskazać klientowi inne potrzebne usługi, których może on nie dostrzegać.

Proaktywne podejście. Zamiast czekać na pytanie o inne usługi, warto zapytać: „Po naprawie tego problemu zauważyłem, że w Pana samochodzie są jeszcze kwestie do rozwiązania, jak np. wymiana filtrów. Chciałbym zaproponować wykonanie tego od razu, żeby nie musiał Pan wracać do nas za kilka miesięcy."

Naturalne wplecenie oferty. Ważne, by nie robić tego w sposób nachalny. Na przykład, jeśli klient ma do wykonania przegląd, zapytaj: „Przy okazji przeglądu możemy sprawdzić stan hamulców, co da Panu pewność, że wszystko jest w porządku."

Stosowanie komunikatów korzyści. Zamiast mówić: „Potrzebuje Pan wymiany klocków hamulcowych", lepiej powiedzieć: „Wymiana klocków hamulcowych zapewni Panu bezpieczeństwo na drodze oraz uniknięcie większych kosztów naprawy w przyszłości."

Proaktywne działanie, a nie tylko odbieranie telefonów.

Często doradcy serwisowi ograniczają się do odbierania telefonów i rejestrowania problemów, zamiast działać z wyprzedzeniem. Proaktywność jest jedną z najważniejszych cech, które wyróżniają najlepszych doradców.

Zamiast czekać na pytanie, oferuj rozwiązanie. Jeśli widzisz, że klient przychodzi z problemem, który może wiązać się z innymi usterkami, poinformuj go o tym zawczasu.

Zadbaj o follow-up. Po zakończeniu naprawy, warto zadzwonić do klienta i zapytać, czy wszystko jest w porządku z samochodem. To może otworzyć drzwi do sprzedaży kolejnych usług lub przeglądów.

Anegdota z życia: pewnego dnia do serwisu przyjechał klient, który miał problem z układem hamulcowym. Zamiast tylko zapisać naprawę i przekazać samochód do warsztatu, zapytałem go, czy nie chciałby przy okazji sprawdzić stanu innych elementów, które wkrótce mogłyby wymagać wymiany, jak np. klocki hamulcowe, olej silnikowy czy filtry powietrza. Klient zgodził się na moją propozycję, a przy okazji, po kilku miesiącach, wrócił z kolejnymi problemami, które udało się wyeliminować zawczasu, co zaoszczędziło mu późniejszych kosztów. Dzięki tej rozmowie nie tylko zyskał poczucie bezpieczeństwa, ale również wrócił do nas na kolejne usługi, bo wiedział, że dbamy o jego samochód i portfel.

Zapamiętaj:

- Twoja reputacja opiera się na kompetencji i zaufaniu klientów.
- Udzielaj rzetelnych porad i regularnie komunikuj się z klientami.
- Buduj swój wizerunek także online, np. na LinkedIn, jako eksperta w branży.

Rozdział 4: Organizacja pracy i zarządzanie stresem - klucz do sukcesu

Praca doradcy serwisowego to nie tylko komunikacja z klientami i sprzedaż usług. To również umiejętność efektywnej organizacji pracy, zarządzania czasem i radzenia sobie ze stresem. Jako doradca, masz wiele zadań na głowie - od przyjęcia samochodu, przez diagnozowanie problemów, po kontrolowanie postępów naprawy. Jak to wszystko ogarnąć, nie dając się przytłoczyć?

Zasady skutecznej organizacji pracy

Co dzień masz do czynienia z wieloma klientami, którzy mają różne potrzeby i oczekiwania. Ważne, abyś umiał ustawić priorytety.

Kto potrzebuje natychmiastowej reakcji? Jeśli klient przyjeżdża z awarią, która uniemożliwia mu dalszą jazdę, to Twoim priorytetem powinno być jak najszybsze ustalenie, co dokładnie jest problemem, a potem zaproponowanie rozwiązania.

Kto może poczekać? Jeśli ktoś przyjeżdża na przegląd, jego sprawa nie jest tak pilna, a Ty możesz zaplanować pracę na później w ciągu dnia.

Twórz harmonogramy: bez konkretnego planu dnia łatwo możesz poczuć się przytłoczony. Warto mieć w głowie jasny plan na każdy dzień.

Godzina na przyjęcie aut: planuj czas na każdą wizytę, aby nie przytłoczyć się zadaniami.

Bloki czasowe na rozmowy telefoniczne i e-maile: Ustal godziny, w których odbierasz telefony i odpowiadasz na wiadomości, aby nie rozpraszać się przez cały dzień.

Czas na przerwy: pamiętaj, że przerwy są równie ważne jak praca. Warto odpocząć, żeby uniknąć wypalenia.

Delegowanie zadań: jeśli masz zespół, delegowanie to kluczowy element Twojej pracy. Jako doradca serwisowy, masz odpowiedzialność za całość procesu, ale nie musisz robić wszystkiego sam.

Podziel obowiązki: możesz delegować proste zadania, jak przygotowanie dokumentacji czy porządkowanie części, żeby skoncentrować się na tym, co najważniejsze - obsłudze klienta.

Zaufaj swojemu zespołowi: delegowanie zadań pozwala skupić się na zarządzaniu, nie na wykonywaniu każdej rzeczy osobiście.

Radzenie sobie ze stresem: praca w serwisie samochodowym wiąże się z dużą odpowiedzialnością i stresem. Jak sobie z tym radzić?

Zarządzanie emocjami: kiedy sytuacja staje się napięta - na przykład klient jest niezadowolony z opóźnienia - pamiętaj, że Twoja reakcja ma kluczowe znaczenie. Zamiast reagować impulsywnie, weź głęboki oddech i zachowaj spokój. Dzięki temu zyskasz autorytet i uspokoisz klienta.

Techniki relaksacyjne: warto nauczyć się prostych technik relaksacyjnych, które pomogą Ci w stresowych momentach. Krótkie przerwy, kilka głębokich oddechów lub chwila w cichym miejscu mogą zdziałać cuda.

Poczucie kontroli: im lepiej zorganizujesz swoją pracę, tym mniej stresujących sytuacji będzie Cię dotyczyć. Przemyślane planowanie zadań, ustalanie priorytetów i systematyczna komunikacja z klientami pozwolą Ci zachować poczucie kontroli nad sytuacją, nawet w trudnych momentach.

Budowanie trwałych relacji z klientami: dobrze zorganizowana praca i umiejętność zarządzania stresem to tylko połowa sukcesu. Drugą, równie ważną częścią, jest budowanie długotrwałych relacji z klientami. Pamiętaj, że każdy klient, który odwiedza Twój serwis, to nie tylko jedna transakcja - to początek długotrwałej relacji, która może zaowocować w przyszłości.

Słuchaj klienta: relacja z klientem zaczyna się od słuchania. Często klienci nie tylko chcą, aby ich samochód został naprawiony, ale również oczekują, że będą traktowani z szacunkiem i zrozumieniem.

Regularny kontakt: po zakończeniu naprawy, warto zadzwonić do klienta, aby sprawdzić, czy wszystko jest w porządku. Zbudujesz w ten sposób relację opartą na zaufaniu. Taki follow-up może także być okazją do zaproponowania kolejnych usług.

Bądź wiarygodny i konsekwentny: klient musi wiedzieć, że zawsze może liczyć na Twoją pomoc i fachowe doradztwo. Jeśli obiecasz coś, dotrzymaj słowa. W ten sposób zbudujesz zaufanie, które będzie procentować w przyszłości.

Zapamiętaj:

- Zachowaj spokój i opanowanie, nawet gdy klient jest zdenerwowany.
- Okazuj empatię - klient chce czuć, że rozumiesz jego problem.
- Zawsze proponuj konkretne rozwiązania i dotrzymuj obietnic.

Rozdział 5: Trudni klienci - jak z nimi rozmawiać i budować zaufanie

Nie ma serwisu, w którym nie zdarzają się trudni klienci. Klient, który jest zdenerwowany, krzyczy lub próbuje obarczyć doradcę winą, to wyzwanie, z którym musisz sobie poradzić w sposób profesjonalny. Jednak to także szansa na budowanie jeszcze silniejszej relacji, jeśli tylko podejdziesz do tego z odpowiednią strategią.

Jak rozmawiać z trudnym klientem? W pracy doradcy serwisowego codziennie spotykasz się z różnymi typami klientów. Niektórzy mogą być spokojni i zrozumiali, inni - jak burza. Jak rozmawiać z trudnym klientem? Czytając dalej znajdziesz kilka wskazówek.

Nie reaguj emocjonalnie: klient, który podnosi głos, próbuje zrzucić całą winę na Ciebie lub Twój serwis, jest po prostu zestresowany i sfrustrowany sytuacją. W takich chwilach Twoja rola to nie odpowiadać na emocje, ale spokojnie wyjaśniać sytuację.

Zachowaj spokój i uprzedź klienta, że chcesz znaleźć rozwiązanie. Na przykład: „Rozumiem, że jest Pan zdenerwowany. Pomożemy Panu rozwiązać ten problem najszybciej jak to możliwe."

Bądź cierpliwy i słuchaj: Często klient, który krzyczy, po prostu chce być wysłuchany. Pozwól mu mówić, a dopiero potem przedstaw swoją wersję sytuacji. Jeśli masz wrażenie, że klient mówi z emocjami, przerwij na chwilę i zapytaj: „Czy dobrze rozumiem, że jest Pan zaniepokojony?" Taka technika daje mu poczucie, że jesteś po jego stronie.

Unikaj obrony i przeproś, gdy to konieczne: Czasem zdarza się, że problem wynika z błędu w Twoim serwisie. Wtedy nie ma sensu wchodzić w tłumaczenie, że nie jest to Twoja wina. Lepiej przyznać się do pomyłki, jeśli jest to konieczne i zaoferować rozwiązanie.

Przykład: „Rzeczywiście, zdarzył się błąd z naszej strony, przepraszam. Chciałbym teraz zaproponować rozwiązanie i jak najszybciej naprawić sytuację."

Trudne sytuacje - jak radzić sobie, gdy to Twój serwis popełnił błąd?

Błędy zdarzają się każdemu, ale to, jak na nie reagujesz, może wpłynąć na dalszą współpracę z klientem. Jeśli Twój serwis popełnił błąd, musisz to załatwić z profesjonalizmem, który będzie świadczył o wysokiej jakości obsługi.

Natychmiastowe przyznanie się do błędu: Jeśli Twój serwis popełnił błąd, nie próbuj go ukrywać ani udawać, że nic się nie stało. Klient to zauważy i będzie jeszcze bardziej sfrustrowany. Zamiast tego, otwarcie przyznaj się do błędu i zaproponuj konkretne rozwiązanie.

Przykład: „Przepraszam za problem, który się pojawił. Zrobimy wszystko, aby naprawić błąd i zapewniamy, że dołożymy wszelkich starań, by nie powtórzył się w przyszłości."

Oferowanie rozwiązania: Zawsze stawiaj na konkretne rozwiązanie. Klient chce wiedzieć, że problem zostanie rozwiązany szybko i sprawiedliwie. Możesz zaproponować np. bezpłatną naprawę, rabat na kolejne usługi, a w przypadku poważniejszych problemów - pełną rekompensatę za zaistniałą sytuację.

Proaktywne podejście, a nie tylko odbieranie telefonów.

Proaktywność to coś, co może wyróżnić Cię na tle innych doradców. Zamiast czekać na problem, wyprzedzaj sytuację. Oto kilka wskazówek, jak to robić:

Zapewnienie klienta o stanie jego pojazdu: zamiast czekać, aż klient zadzwoni, by zapytać o status naprawy, regularnie informuj go o postępach. Może to być krótka wiadomość SMS lub telefon, by klient poczuł się zaopiekowany.

Przykład: „Dzień dobry, chciałem Panu przypomnieć, że pracujemy nad Pana samochodem. Przewidywany czas naprawy to jeszcze 2 godziny. Będziemy na bieżąco informować Pana o dalszych krokach."

Wykorzystaj każdy kontakt jako okazję do sprzedaży: zamiast czekać, aż klient zapyta o inne usługi, zaproponuj je naturalnie, opierając się na dotychczasowej rozmowie.

Przykład: „Mogę również sprawdzić stan akumulatora, ponieważ w przyszłości może to być problem. To drobna usługa, ale da Panu pewność, że nie zostanie Pan zaskoczony na drodze."

Dosprzedaż - jak umiejętnie zaproponować dodatkowe usługi?

Dosprzedaż to technika, która nie polega na wymuszeniu sprzedaży, ale na zaoferowaniu klientowi czegoś, co może poprawić jego komfort lub bezpieczeństwo. Jeśli masz pełne zaufanie do jakości usług, które oferujesz, dosprzedaż stanie się naturalną częścią Twojej pracy.

Zapytaj o inne potrzeby: kiedy klient przyjeżdża z konkretnym problemem, zapytaj go, czy są inne rzeczy, które chciałby, abyś sprawdził w samochodzie.

Przykład: „Czy przy okazji tej naprawy chciałby Pan, abyśmy sprawdzili stan innych elementów, jak np. filtr powietrza czy płyn chłodniczy?" Prezentuj wartość, a nie koszt: Kiedy proponujesz dodatkowe usługi, zawsze tłumacz ich wartość.

Przykład: „Wymiana filtrów powietrza poprawi komfort jazdy, a także obniży zużycie paliwa w dłuższym okresie. To inwestycja w Pana bezpieczeństwo i oszczędności."

Jak umiejętnie zaproponować dodatkowe usługi?

1. Zidentyfikuj potencjalne potrzeby klienta.
2. Wyjaśnij korzyści, np. bezpieczeństwo lub oszczędności.
3. Proponuj naturalnie, bez nacisku.

Zapamiętaj:

- Klient nie powinien dzwonić pierwszy - to Ty masz go informować o statusie naprawy.
- Regularne informacje o postępach budują zaufanie i zwiększają satysfakcję.
- Proaktywny kontakt pozwala zapobiegać problemom zanim się pojawią.

Rozdział 6: Zarządzanie zespołem - skuteczne delegowanie i motywowanie pracowników

Bycie doradcą serwisowym to nie tylko praca bezpośrednia z klientem. W miarę jak rozwijasz swoją karierę i awansujesz na stanowisko kierownicze, stajesz się odpowiedzialny nie tylko za satysfakcję klientów, ale i za funkcjonowanie całego zespołu w serwisie. Odpowiednia organizacja pracy zespołu, motywacja pracowników oraz umiejętność delegowania zadań to klucz do sukcesu w tej roli.

Motywowanie pracowników

Motywacja jest podstawą, jeśli chodzi o efektywność zespołu. Jako lider, Twoim zadaniem jest stworzenie warunków, które będą inspirować i angażować pracowników do działania. Jak to zrobić?

Poznawaj swoich pracowników: Zrozumienie motywacji i oczekiwań każdego członka zespołu to podstawa skutecznego zarządzania. Co motywuje Twoich pracowników? Czy są zmotywowani finansowo, czy może bardziej interesuje ich możliwość rozwoju zawodowego?

Regularne rozmowy: Staraj się organizować indywidualne spotkania z pracownikami, aby poznać ich potrzeby, aspiracje i problemy. Dzięki temu stworzysz przestrzeń do rozmowy, która pozwoli na skuteczną motywację i wsparcie.

Doceniaj wysiłek: Niezależnie od tego, jak mała jest wykonana praca, warto docenić trud swoich pracowników. Proste słowo „dziękuję" może zdziałać cuda.

Nagrody i pochwały: Chwal pracowników publicznie w zespole za ich osiągnięcia, by poczuli, że ich praca ma znaczenie i jest zauważana.

Udzielaj konstruktywnej informacji zwrotnej: Gdy pracownik popełni błąd, ważne jest, byś udzielił mu informacji zwrotnej w sposób, który motywuje do poprawy, a nie demotywuje.

Przykład: „Widziałem, że popełniłeś błąd przy diagnozowaniu tego problemu, ale zauważyłem również, że bardzo się starałeś. Zamiast tego spróbujmy jeszcze raz, ale podejdźmy do tego w inny sposób."

Zadbaj o równowagę między pracą a życiem prywatnym: Zespół będzie bardziej zmotywowany, jeśli poczuje, że firma dba o jego dobrostan. Umożliwienie elastycznych godzin pracy, promowanie równowagi między życiem prywatnym a zawodowym oraz dbanie o zdrowie psychiczne to inwestycja, która zaprocentuje.

Skuteczne delegowanie zadań

Bycie liderem w serwisie samochodowym wiąże się z koniecznością podejmowania decyzji i organizowania pracy zespołu. Skuteczne delegowanie zadań jest kluczowe, by zespół działał efektywnie. Jak to zrobić?

Zrozumienie mocnych stron swojego zespołu: Każdy pracownik ma inne umiejętności. Dobrze zorganizowany zespół to taki, w którym każdy ma jasno określone zadania, w których czuje się najlepiej. Zrozumienie, kto w jakiej dziedzinie jest dobry, pozwala na optymalne delegowanie zadań.

Przykład: Jeśli masz technika, który jest świetny w diagnozowaniu problemów z elektryką, to deleguj do niego wszystkie sprawy związane z tymi naprawami.

Jasno określaj oczekiwania: Kiedy delegujesz zadanie, dokładnie określ, czego oczekujesz oraz termin realizacji. Jeśli tego nie zrobisz, możesz napotkać na problemy związane z niedoprecyzowaniem zadań.

Przykład: „Zadanie polega na przeprowadzeniu diagnozy tego układu elektrycznego, a raport ma być gotowy do godziny 14:00."

Udzielaj wsparcia, ale nie przejmuj zadania: Często zdarza się, że liderzy chcą kontrolować każdy etap pracy, co prowadzi do tego, że zamiast zarządzać, wykonują pracę innych. Dobre delegowanie to zapewnienie wsparcia, ale nie przejmowanie zadania.

Przykład: Jeśli technik nie jest pewny, jak rozwiązać problem, oferuj pomoc, ale nie rozwiązuj za niego problemu.

Monitorowanie postępów i udzielanie feedbacku: Regularnie sprawdzaj postępy, ale nie ingeruj zbyt często, by nie zaburzać pracy zespołu. Kiedy zadanie jest ukończone, daj pracownikowi feedback - pochwal, co zrobił dobrze, ale również wskaż, co można poprawić.

Zarządzanie stresem zespołowym

W serwisie samochodowym nie tylko Ty jako doradca serwisowy masz do czynienia ze stresem, ale także Twój zespół. Jak skutecznie zarządzać stresem w zespole, by cały serwis funkcjonował sprawnie?

Stwórz atmosferę otwartości: Jeśli w zespole panuje dobra komunikacja i atmosfera, pracownicy czują się bardziej komfortowo dzieląc się swoimi obawami. Regularne spotkania, na których omawiane są wyzwania, mogą pomóc w złagodzeniu napięcia.

Zachęcaj do współpracy: Wspólna praca i wsparcie między członkami zespołu mogą znacząco zmniejszyć stres. Kiedy pracownicy wiedzą, że mogą liczyć na kolegów z zespołu, czują się bardziej pewni siebie i mniej zestresowani.

Szkolenia z zarządzania stresem: Jeżeli zauważysz, że Twój zespół regularnie zmaga się ze stresem, zorganizuj szkolenia, które pomogą im lepiej radzić sobie z napiętymi sytuacjami.

Budowanie efektywnego zespołu

Zespół w serwisie to nie tylko grupa ludzi, którzy wykonują swoje zadania. To grupa, która powinna współpracować, dzielić się wiedzą i wspierać w trudnych momentach. Jak stworzyć zespół, który będzie efektywnie działał i osiągał cele?

Wspólne cele: zespół najlepiej działa, kiedy ma jasno określony cel. Określenie wspólnych celów, takich jak zadowolenie klienta, poprawa efektywności pracy czy zwiększenie sprzedaży usług, pozwala skupić wszystkich na tym samym.

Kultura dzielenia się wiedzą: każdy członek zespołu ma swoje doświadczenia i umiejętności, które mogą przyczynić się do rozwoju całego serwisu. Zadbaj o to, by pracownicy dzielili się swoimi doświadczeniami i pomagali sobie nawzajem.

Warto zaznaczyć, że wielu kierowników serwisów w danym zespole, w tym również doradców serwisowych, nie trafia na swoje stanowiska znikąd. Bardzo często awansują oni z zespołu, w którym wcześniej pracowali. Dzięki temu mają nieocenione doświadczenie w zakresie funkcjonowania zespołu, rozumienia jego potrzeb oraz wyzwań, z którymi borykają się pracownicy na różnych stanowiskach.

Bycie częścią zespołu daje Ci głęboką wiedzę o tym, jak działa serwis od „kuchni" - znasz jego procesy, problemy oraz sposób komunikacji między pracownikami. Wiedza ta pozwala na lepsze zarządzanie, ponieważ jako lider wiesz, co sprawia trudności, a co można usprawnić. Co więcej, masz też autentyczną pozycję w oczach zespołu. Zespół chętniej będzie Cię słuchać i szanować, jeśli wcześniej sam wykonywałeś te same zadania i znasz wyzwania, z jakimi się spotykają.

Przechodząc do roli kierownika, będziesz mógł nie tylko wprowadzać innowacje, ale i usprawnienia na podstawie doświadczeń z pracy na stanowisku doradcy serwisowego czy technika. Pozwala to zrozumieć problemy zespołu z perspektywy „kogoś, kto był na ich miejscu", co może pomóc w budowaniu zaufania i lojalności wśród pracowników.

Budowanie własnej marki w roli doradcy serwisowego zaczyna się od doświadczenia i kompetencji. Ale warto zauważyć, że bardzo wielu liderów zespołów serwisowych zdobywa swoje stanowisko, przechodząc przez różne etapy w firmie, często rozpoczynając pracę od niższych stanowisk.

Znaczenie doświadczenia w zespole

Jeśli chcesz, by Twój zespół Ci ufał i szanował Twoje decyzje, kluczowe jest, byś potrafił zrozumieć wyzwania, przed którymi stoją członkowie zespołu. Wielu liderów, którzy awansowali na stanowiska kierownicze, zaczynało swoją karierę jako doradcy serwisowi, technicy czy mechanicy. Z perspektywy takiego doświadczenia lepiej rozumiesz dynamikę pracy, co pozwala Ci na efektywne zarządzanie zespołem.

Tworzenie własnej marki jako lidera w firmie nie odbywa się z dnia na dzień. Praca w różnych działach i stopniowe awansowanie w strukturze firmy daje Ci unikalne doświadczenie i zrozumienie całego procesu serwisowego. To z kolei wpływa na Twoją wiarygodność i autentyczność jako lidera, ponieważ Twój zespół wie, że rozumiesz ich zadania i wyzwania, z którymi się spotykają.

Zapamiętaj:

- Inwestuj w swój rozwój poprzez szkolenia i zdobywanie certyfikatów.
- Bądź proaktywny - wychodź naprzeciw potrzebom klientów i zespołu.
- Buduj trwałe relacje z klientami i rozwijaj swoje umiejętności zarządzania.

Rozdział 7: Proaktywność w pracy doradcy serwisowego - jak wyjść poza standard i zwiększyć wartość usług

Proaktywność to cecha, która odróżnia dobrego doradcę serwisowego od wyjątkowego. W kontekście pracy doradcy serwisowego oznacza to nie tylko reagowanie na zgłoszenia klientów, ale przede wszystkim przewidywanie ich potrzeb, inicjowanie działań oraz aktywne poszukiwanie sposobów na poprawę jakości usług. Bycie proaktywnym oznacza również umiejętność wykorzystania każdej sytuacji do budowania długotrwałych relacji z klientami oraz do zwiększania sprzedaży usług serwisowych.

Proaktywność w komunikacji z klientem

Proaktywność zaczyna się od tego, jak komunikujesz się z klientem. Zamiast czekać, aż klient zgłosi jakikolwiek problem, warto umieć przewidzieć, co może być dla niego ważne.

Wyprzedzaj potrzeby klienta: Zamiast tylko reagować na zapytania, warto być o krok do przodu. Regularne sprawdzanie historii napraw, monitorowanie najczęstszych usterek i planowanie przyszłych wizyt, może pozwolić na oferowanie klientowi usług, zanim jeszcze o nich pomyśli.

Przykład: Jeśli klient w przeszłości miał problem z układem hamulcowym, zaproponuj sprawdzenie tej części podczas najbliższej wizyty serwisowej.

Informowanie o nadchodzących przeglądach lub naprawach: Regularne przypomnienia o nadchodzących przeglądach czy przeterminowanych naprawach to doskonały sposób na wykazanie się proaktywnością. Działa to nie tylko na korzyść serwisu, ale również pomaga klientowi zadbać o stan techniczny pojazdu.

Przykład: "Panie Marku, widzę, że zbliża się termin przeglądu technicznego Pańskiego pojazdu. Proszę pamiętać, że warto go przeprowadzić przed końcem miesiąca, aby uniknąć późniejszych problemów."

Proaktywność a sprzedaż usług dodatkowych

Jako doradca serwisowy masz okazję doradzać klientowi, jakie dodatkowe usługi mogą poprawić bezpieczeństwo i komfort jazdy jego pojazdu. Kluczem jest przedstawienie tych usług w sposób, który pokazuje ich wartość.

Przykład sytuacji sprzedaży usług dodatkowych: Kiedy klient przyjeżdża na rutynowy przegląd, nie wystarczy jedynie wykonać podstawowych czynności. Warto sprawdzić, czy są inne, drobne naprawy lub usługi, które można zaproponować, aby poprawić stan techniczny pojazdu.

Przykłady proaktywnych działań:

- wykorzystanie systemów CRM: Rejestruj historię klienta i przypominaj o nadchodzących przeglądach lub wymianach eksploatacyjnych.
- przypomnienia: regularnie informuj klientów o terminach wizyt kontrolnych lub nowych ofertach promocyjnych.

Przykład: "Przy okazji wymiany oleju zauważyłem, że pasek rozrządu może wkrótce wymagać wymiany. Zalecam wymianę w przyszłym miesiącu, zanim dojdzie do poważnej awarii, co może kosztować dużo więcej."

- proaktywna sprzedaż akcesoriów: Często klienci nie są świadomi dodatkowych akcesoriów, które mogą poprawić komfort użytkowania pojazdu. Warto zaproponować takie dodatki, jak systemy multimedialne, akcesoria do wnętrza czy systemy bezpieczeństwa.

Przykład: "Zauważyłem, że Pana pojazd nie ma jeszcze kamery parkingowej. To prosta instalacja, która z pewnością poprawi bezpieczeństwo parkowania.

Rozwiązywanie problemów zanim staną się poważne

Jako doradca serwisowy musisz być w stanie dostrzegać potencjalne problemy, zanim staną się one poważnym zagrożeniem dla pojazdu. Właściwe diagnozowanie problemów już na wczesnym etapie to proaktywne podejście do pracy, które pozwala nie tylko zaoszczędzić czas klienta, ale i zapobiec dużym kosztom w przyszłości.

Analizowanie historii serwisowej: Zawsze sprawdzaj historię naprawy pojazdu. Jeśli klient przychodzi z tym samym problemem, który już był wcześniej naprawiany, postaraj się znaleźć przyczynę, zamiast tylko naprawiać objawy.

Przykład: "Panie Pawle, zauważyłem, że ten sam problem pojawia się po raz trzeci w ciągu ostatnich sześciu miesięcy. Zamiast tylko wymieniać uszkodzoną część, proponuję dokładniejszą diagnozę, by znaleźć źródło problemu."

Monitorowanie sezonowych potrzeb: Cykliczne przypomnienie o konieczności wymiany opon na zimowe lub letnie, kontrola układu chłodzenia przed latem czy diagnostyka klimatyzacji to doskonałe okazje do wykazania się proaktywnością i zadbania o bezpieczeństwo klienta.

Klient dzwoni - to już za późno

Jeden z najważniejszych elementów proaktywnej pracy doradcy serwisowego to komunikacja z klientem, zanim to on zacznie się martwić o stan swojego pojazdu. Jeśli klient dzwoni, aby zapytać, co dzieje się z jego samochodem, to jest już za późno. Takie sytuacje obniżają postrzeganą jakość usług w oczach klienta, ponieważ może on poczuć się zignorowany lub pomyśleć, że nie zostały podjęte odpowiednie kroki w jego sprawie.

Dlaczego kontakt musi wychodzić od doradcy?

Proaktywna komunikacja to klucz do utrzymania wysokiego poziomu satysfakcji klienta. Doradca serwisowy, który na bieżąco informuje klienta o postępach naprawy, jeszcze zanim ten zdąży zadzwonić, wykazuje troskę o jego potrzeby i buduje zaufanie. To także pokazuje, że nie czekasz na sygnały od klienta, ale aktywnie zarządzasz procesem naprawy.

Przykład: Jeśli samochód jest już w warsztacie, ale diagnoza nie została jeszcze zakończona, warto poinformować klienta, że jego pojazd jest w trakcie analizy i że niezwłocznie go poinformujesz o dalszych krokach. Nawet jeśli naprawa nie została jeszcze całkowicie zdiagnozowana, zawsze wychodź z inicjatywą, informując klienta o każdym etapie procesu.

Uczenie proaktywności w zespole

Proaktywność nie jest cechą, która powinna dotyczyć tylko doradcy serwisowego, ale całego zespołu. Ważne jest, aby nauczyć pracowników, jak aktywnie działać, zamiast czekać na działania klientów.

Szkolenia z proaktywności: Zorganizowanie szkoleń z zakresu proaktywnego podejścia do pracy może pomóc w budowaniu zespołu, który nie tylko reaguje na potrzeby, ale również je przewiduje. Szkolenie może obejmować techniki komunikacyjne, radzenie sobie z presją czasu, jak również strategie sprzedaży usług dodatkowych.

Przykład proaktywnego podejścia w zespole: Jeżeli pracownik zauważy drobne uszkodzenie, które może wpłynąć na dalszą eksploatację pojazdu, powinien zgłosić to klientowi i zaproponować natychmiastową naprawę, zanim problem stanie się poważniejszy.

Anegdota z życia: Pewnego dnia klient przyjechał na rutynowy przegląd, a ja zauważyłem, że jego filtr powietrza jest w bardzo złym stanie, mimo że pojazd był jeszcze na gwarancji. Zamiast tylko wymienić go na miejscu, zaproponowałem klientowi bardziej wydajny filtr, który znacznie poprawiłby wydajność silnika. Klient był zaskoczony moją inicjatywą, ale docenił moją proaktywność i od tej pory stał się stałym klientem, korzystającym z wielu innych usług serwisowych.

Praca doradcy serwisowego, a tym bardziej kierownika serwisu, wiąże się z ogromną odpowiedzialnością, szybkim podejmowaniem decyzji oraz częstym stresem. Codzienna praca w serwisie samochodowym to nie tylko kontakt z klientami, ale również zarządzanie pracą zespołu, dbałość o wysoką jakość napraw oraz dbanie o terminowość usług. Aby sprostać tym wyzwaniom, niezbędna jest umiejętność radzenia sobie ze stresem, efektywna organizacja pracy oraz zdolność ustalania hierarchii priorytetów.

Zarządzanie stresem w pracy doradcy serwisowego

Każdy doradca serwisowy i kierownik serwisu napotyka momenty stresu. Zbyt wiele spraw na głowie, niezadowoleni klienci, presja czasowa związana z szybkim czasem naprawy czy niezliczone zadania do wykonania - wszystko to może skutkować dużym stresem. Ważne jest, aby nie dać się przytłoczyć i znaleźć skuteczne sposoby na zarządzanie stresem.

Zrozumienie źródła stresu: Pierwszym krokiem w radzeniu sobie ze stresem jest zrozumienie, co go powoduje. Może to być nadmiar obowiązków, trudni klienci, presja czasowa, a nawet problemy wewnętrzne w zespole. Określenie źródła pomoże znaleźć odpowiednie narzędzie do poradzenia sobie z nim.

Przykład: Jeśli czujesz, że napływające zadania cię przytłaczają, postaraj się rozdzielić je na mniejsze, łatwiejsze do wykonania kroki.

Techniki oddechowe i przerwy: W momentach dużego napięcia, kluczowe staje się umiejętne zarządzanie swoim ciałem i emocjami. Proste techniki oddechowe (np. głębokie wdechy) mogą pomóc w uspokojeniu organizmu. Równie ważne jest robienie regularnych przerw, aby nie dopuścić do wypalenia zawodowego.

Przykład: Jeśli sytuacja robi się stresująca, wyjdź na chwilę na świeże powietrze, weź kilka głębokich oddechów i wróć do sprawy z nową energią. Organizacja pracy to klucz do efektywności.

Jako doradca serwisowy musisz radzić sobie z wieloma zadaniami jednocześnie. Organizacja pracy to podstawa, by nie zostać przytłoczonym przez obowiązki i utrzymać wysoką jakość usług.

Priorytetyzowanie zadań: Umiejętność ustalania priorytetów jest kluczowa. Każdy dzień w serwisie przynosi nowe wyzwania, a nie wszystkie zadania mają taki sam poziom pilności. Nauka, które zadania wymagają natychmiastowej reakcji, a które mogą poczekać, jest niezbędna, aby efektywnie zarządzać czasem.

Przykład: Jeśli klient zgłasza pilną awarię, na którą niezbędna jest natychmiastowa naprawa, a równocześnie masz do wykonania drobną wymianę oleju, priorytetem będzie rozwiązanie poważniejszego problemu klienta.

Delegowanie zadań: Kierownik serwisu powinien umieć delegować zadania w zespole. Nie ma sensu brać na siebie wszystkiego, zwłaszcza gdy zespół ma odpowiednie kompetencje do wykonania różnych zadań. Delegowanie sprawia, że praca staje się bardziej zorganizowana, a Ty masz czas na zarządzanie całą sytuacją.

Przykład: Jeśli wiesz, że jeden z pracowników jest specjalistą od diagnostyki komputerowej to zleć mu zadania, które jej dotyczą, podczas gdy Ty zajmij się bardziej skomplikowaną naprawą.

Planowanie dnia: Kluczem do efektywnego zarządzania czasem w pracy doradcy serwisowego jest szczegółowe planowanie dnia. Przed rozpoczęciem dnia zaplanuj zadania na cały dzień, uwzględniając zarówno te pilne, jak i te, które można wykonać w późniejszym czasie.

Przykład: Na początku dnia spisz listę zadań do wykonania i przypisz im odpowiedni czas realizacji, a następnie trzymaj się tego planu, aby uniknąć nadmiernego stresu.

Jak radzić sobie z presją klientów i zespołu

Zarówno klienci, jak i zespół serwisowy mogą wywierać na doradcy dużą presję, aby osiągnąć jak najlepsze wyniki w jak najkrótszym czasie. Ważne jest, aby umieć reagować na tę presję w sposób profesjonalny, zachowując zimną krew i podejmując rozsądne decyzje.

Komunikacja z klientem: Często klient wymaga szybkiej naprawy lub oczekuje wysokiej jakości usługi, a jednocześnie ma ograniczony budżet. Proaktywna komunikacja, wyjaśnienie oczekiwań oraz transparentność w kwestii kosztów i czasów oczekiwania są kluczem do utrzymania pozytywnej relacji.

Przykład: Jeśli klient dzwoni, by zapytać, jak długo potrwa naprawa, odpowiedz szczerze, że będziesz na bieżąco informować go o postępach, a jeśli naprawa zajmie dłużej niż pierwotnie zakładano, z wyprzedzeniem go o tym powiadomisz.

Zarządzanie presją od zespołu: Jako kierownik serwisu musisz radzić sobie z presją, jaką wywiera na Ciebie zespół - zarówno w kwestii dostępności części, jak i problemów technicznych. Kluczowe jest ustalanie priorytetów, dbanie o transparentność komunikacji oraz sprawne zarządzanie zasobami.

Przykład: Jeśli zespół zgłasza problem z opóźnieniem w naprawie, postaraj się zorganizować alternatywne rozwiązanie lub przydziel inne zadanie, które pozwoli utrzymać płynność pracy.

Zrównoważona praca - unikanie wypalenia zawodowego

Długotrwały stres, brak czasu na odpoczynek oraz zbyt duża liczba obowiązków mogą prowadzić do wypalenia zawodowego. Ważne jest, aby utrzymywać równowagę między pracą a odpoczynkiem, dbając o swoje zdrowie fizyczne i psychiczne.

Dbanie o siebie: Regularny odpoczynek, aktywność fizyczna oraz czas spędzony z bliskimi to podstawowe elementy dbania o siebie. Tylko wtedy, gdy jesteś w dobrej kondycji fizycznej i psychicznej, będziesz mógł skutecznie zarządzać stresem i pracą w serwisie.

Zapamiętaj:

- Nadawaj zadaniom priorytet, skupiając się najpierw na pilnych i ważnych kwestiach.
- Twórz harmonogramy dnia, uwzględniając bloki czasu na kluczowe aktywności.
- Deleguj mniej istotne zadania, aby skupić się na budowaniu relacji z klientami i zarządzaniu procesami.

Rozdział 8: Zarządzanie stresem i organizacja pracy - jak skutecznie radzić sobie z presją w serwisie

Praca doradcy serwisowego, a tym bardziej kierownika serwisu, wiąże się z ogromną odpowiedzialnością, szybkim podejmowaniem decyzji oraz częstym stresem. Codzienna praca w serwisie samochodowym to nie tylko kontakt z klientami, ale również zarządzanie pracą zespołu, dbałość o wysoką jakość napraw oraz dbanie o terminowość usług. Aby sprostać tym wyzwaniom, niezbędna jest umiejętność radzenia sobie ze stresem, efektywna organizacja pracy oraz zdolność ustalania hierarchii priorytetów.

Zarządzanie stresem w pracy doradcy serwisowego

Każdy doradca serwisowy i kierownik serwisu napotyka momenty stresu. Zbyt wiele spraw na głowie, niezadowoleni klienci, presja czasowa związana z szybkim czasem naprawy czy niezliczone zadania do wykonania - wszystko to może skutkować dużym stresem. Ważne jest, aby nie dać się przytłoczyć i znaleźć skuteczne sposoby na zarządzanie stresem.

Zrozumienie źródła stresu: Pierwszym krokiem w radzeniu sobie ze stresem jest zrozumienie, co go powoduje. Może to być nadmiar obowiązków, trudni klienci, presja czasowa, a nawet problemy wewnętrzne w zespole. Określenie źródła pomoże znaleźć odpowiednie narzędzie do radzenia sobie z nim.

Przykład: Jeśli czujesz, że napływające zadania cię przytłaczają, postaraj się je rozdzielić na mniejsze, łatwiejsze do wykonania kroki.

Techniki oddechowe i przerwy: W momentach dużego napięcia, kluczowe staje się umiejętne zarządzanie swoim ciałem i emocjami. Proste techniki oddechowe (np. głębokie wdechy) mogą pomóc w uspokojeniu organizmu. Równie ważne jest robienie regularnych przerw, aby nie dopuścić do wypalenia zawodowego.

Przykład: Jeśli sytuacja robi się stresująca, wyjdź na chwilę na świeże powietrze, weź kilka głębokich oddechów i wróć do sprawy z nową energią.

Organizacja pracy - klucz do efektywności

Jako doradca serwisowy musisz radzić sobie z wieloma zadaniami jednocześnie. Organizacja pracy to podstawa, by nie zostać przytłoczonym przez obowiązki i utrzymać wysoką jakość usług.

Nadawanie zadaniom priorytetu: Umiejętność ustalania priorytetów jest kluczowa. Każdy dzień w serwisie przynosi nowe wyzwania, a nie wszystkie zadania mają taki sam poziom pilności. Nauka, które zadania wymagają natychmiastowej reakcji, a które mogą poczekać, jest niezbędna, aby efektywnie zarządzać czasem.

Przykład: Jeśli klient zgłasza pilną awarię, dla której niezbędna jest natychmiastowa naprawa, a równocześnie masz do wykonania drobną wymianę oleju, priorytetem będzie rozwiązanie tego pierwszego, czyli poważniejszego problemu klienta.

Delegowanie zadań: Kierownik serwisu powinien umieć delegować zadania w zespole. Nie ma sensu brać na siebie wszystkiego, zwłaszcza gdy zespół ma odpowiednie kompetencje do wykonania różnych zadań. Delegowanie sprawia, że praca staje się bardziej zorganizowana, a Ty masz czas na zarządzanie całą sytuacją.

Przykład: Jeśli wiesz, że jeden z pracowników jest specjalistą od diagnostyki komputerowej to zleć mu zadania, które jej dotyczą, podczas gdy Ty zajmij się bardziej skomplikowaną naprawą.

Planowanie dnia: Kluczem do efektywnego zarządzania czasem w pracy doradcy serwisowego jest szczegółowe planowanie dnia. Przed rozpoczęciem dnia zaplanuj zadania na cały dzień, uwzględniając zarówno te pilne, jak i te, które można wykonać w późniejszym czasie.

Przykład: Na początku dnia spisz listę zadań do wykonania i przypisz im odpowiedni czas realizacji, a następnie trzymaj się tego planu, aby uniknąć nadmiernego stresu.

Jak radzić sobie z presją klientów i zespołu

Zarówno klienci, jak i zespół serwisowy mogą wywierać na doradcy dużą presję, aby osiągnąć jak najlepsze wyniki w jak najkrótszym czasie. Ważne jest, aby umieć reagować na tę presję w sposób profesjonalny, zachowując zimną krew i podejmując rozsądne decyzje.

Komunikacja z klientem: Często klient wymaga szybkiej naprawy lub oczekuje wysokiej jakości usługi, a jednocześnie ma ograniczony budżet. Proaktywna komunikacja, wyjaśnienie oczekiwań oraz transparentność w kwestii kosztów i czasu oczekiwania są kluczem do utrzymania pozytywnej relacji.

Przykład: Jeśli klient dzwoni, by zapytać, jak długo potrwa naprawa, odpowiedz szczerze, że będziesz na bieżąco informować go o postępach, a jeśli naprawa zajmie dłużej niż pierwotnie zakładano, to powiadomisz go o tym z wyprzedzeniem.

Zarządzanie presją od zespołu: Jako kierownik serwisu musisz radzić sobie z presją, jaką wywiera na Ciebie zespół - zarówno w kwestii dostępności części, jak i problemów technicznych. Kluczowe jest ustalanie priorytetów, dbanie o transparentność komunikacji oraz sprawne zarządzanie zasobami.

Przykład: Jeśli zespół zgłasza problem z opóźnieniem w naprawie, postaraj się zorganizować alternatywne rozwiązanie lub przydziel inne zadanie, które pozwoli utrzymać płynność pracy.

Zrównoważona praca - unikanie wypalenia zawodowego

Długotrwały stres, brak czasu na odpoczynek oraz zbyt duża liczba obowiązków mogą prowadzić do wypalenia zawodowego. Ważne jest, aby utrzymywać równowagę między pracą a odpoczynkiem, dbając o swoje zdrowie fizyczne i psychiczne.

Dbanie o siebie: Regularny odpoczynek, aktywność fizyczna oraz czas spędzony z bliskimi to podstawowe elementy dbania o siebie. Tylko wtedy, gdy jesteś w dobrej kondycji fizycznej i psychicznej, będziesz mógł skutecznie zarządzać stresem i pracą w serwisie.

Anegdota z życia: pewnego dnia, kiedy poziom stresu w serwisie był wyjątkowo wysoki, ponieważ mieliśmy awarię sprzętu i klienci zaczynali się niecierpliwić, zastosowałem metodę "przerwy na oddech". Wziąłem krótki moment na przeorganizowanie zadania, na spokojnie ustaliłem priorytety i po chwili komunikowałem się z klientami, wyjaśniając im sytuację. Pozwoliło to nie tylko zmniejszyć moje własne napięcie, ale również uspokoiło klientów i zminimalizowało ryzyko ich frustracji.

Zapamiętaj:

- Dosprzedaż powinna wynikać z faktycznych potrzeb klienta - proponuj konkretne rozwiązania.
- Używaj języka korzyści: podkreślaj bezpieczeństwo, oszczędności lub komfort wynikające z usługi.
- Unikaj nachalności - naturalnie wplataj dodatkowe propozycje w rozmowę.

Rozdział 9: Budowanie trwałych relacji z klientami - jak stać się doradcą, którego klienci wybierają za każdym razem

Praca doradcy serwisowego to nie tylko sprzedaż usług czy naprawa samochodów. Kluczowym elementem jest budowanie zaufania i lojalności klientów. Klient, który poczuje się dobrze obsłużony i zrozumiany, z pewnością wróci do Twojego serwisu. Co więcej, lojalny klient to osoba, która nie tylko wróci, ale również poleci Twoje usługi innym. Budowanie relacji z klientami to proces, który wymaga czasu, zaangażowania i proaktywności.

Klient to nie tylko transakcja - traktuj go jak partnera

Podstawą budowania trwałych relacji z klientem jest traktowanie go jako partnera, a nie tylko jako osobę, która przynosi dochód dla serwisu. Klient, który czuje, że doradca naprawdę dba o jego pojazd i interesy, chętniej wróci po kolejną usługę.

Personalizacja podejścia do klienta: Staraj się znać swoich klientów i ich pojazdy na wylot. Kiedy pamiętasz szczegóły dotyczące historii ich samochodów, preferencji czy nawet drobnych uwag z poprzednich rozmów, klient czuje się doceniony i zrozumiany. Możesz to zrobić poprzez zapisywanie najważniejszych informacji o klientach w systemie serwisowym i regularne przypomnienia o nadchodzących przeglądach, wymianach części czy innych usługach.

Przykład: "Panie Tomku, pamiętam, że zeszłym razem mówił Pan o planach na długą podróż. Z tej okazji warto sprawdzić stan opon i klimatyzacji, aby mieć pewność, że wszystko działa perfekcyjnie."

Cierpliwość i empatia: Każdy klient ma inne potrzeby i obawy. Czasami klienci przychodzą z drobnymi problemami, które dla nich wydają się ogromne. Jako doradca musisz wykazać się cierpliwością i empatią. Spokojne wysłuchanie klienta buduje zaufanie i sprawia, że poczuje się on komfortowo, powierzając Ci swój pojazd.

Przykład: "Rozumiem, że jesteście Państwo zaniepokojeni kosztami naprawy. Pozwólcie, że szczegółowo wyjaśnię, co wymaga naprawy i wspólnie znajdziemy rozwiązanie, które będzie najbardziej korzystne."

Proaktywna komunikacja - informuj o każdym etapie

Relacje z klientem opierają się na zaufaniu, a zaufanie buduje się poprzez regularną i rzetelną komunikację. Zawsze pamiętaj, by informować klienta o statusie naprawy, zwłaszcza jeśli pojazd jest w serwisie dłużej, niż początkowo planowano.

Regularne aktualizacje: Klient chce wiedzieć, co dzieje się z jego pojazdem. Często jednak nie ma ochoty dzwonić i pytać, ponieważ woli, by to doradca serwisowy wykonał pierwszy krok. Jeśli pojazd nie jest jeszcze gotowy, a czas naprawy się przedłużył, zadzwoń i poinformuj klienta o postępie. Taka proaktywna postawa wzmacnia poczucie, że klient jest traktowany priorytetowo.

Przykład: "Panie Krzysztofie, chciałem poinformować, że diagnoza Pana auta zajmuje nieco więcej czasu niż zakładałem. Postaram się zakończyć ją do końca dnia i skontaktuję się, aby omówić szczegóły naprawy."

Podziękowanie za współpracę: Zakończenie każdej transakcji słowami "dziękuję" ma ogromne znaczenie. Warto nie tylko podziękować za zaufanie, ale także dodać osobiste słowa, które podkreślą, że klient jest dla Ciebie ważny.

Przykład: "Dziękuję, że powierzył Pan nam swój samochód. Zawsze cieszę się, że możemy pomóc w utrzymaniu Pańskiego pojazdu w dobrym stanie. Jeśli będzie Pan miał jakiekolwiek pytania, jestem do dyspozycji."

Sprzedaż usług dodatkowych jako sposób na zwiększenie wartości relacji

Budowanie trwałych relacji z klientem nie polega tylko na oferowaniu podstawowych usług. To również umiejętność proponowania usług dodatkowych, które pomogą klientowi zadbać o pojazd i zwiększą komfort jazdy. Umiejętność doradzenia, co warto zrobić, aby pojazd był w jak najlepszej kondycji, może przyczynić się do zwiększenia zadowolenia klienta i poprawy wyników serwisu.

Propozycje usług dodatkowych: Podczas naprawy lub przeglądu zawsze zastanów się, co jeszcze można zaoferować klientowi. Ważne, by przedstawiać usługi, które mają realną wartość dla pojazdu i bezpieczeństwa klienta. Doradzaj np. wymianę filtrów, kontrolę klimatyzacji, konserwację układu hamulcowego czy opon, kiedy zauważysz, że ich stan wymaga poprawy.

Przykład: "Przy okazji naprawy układu hamulcowego warto sprawdzić stan tarcz hamulcowych. To drobna inwestycja, która zapewni Panu większe bezpieczeństwo na drodze."

Proaktywne podejście do usług sezonowych: Pamiętaj o sezonowych usługach, takich jak wymiana opon, przygotowanie pojazdu na zimę lub lato, kontrola klimatyzacji. Proponowanie takich usług w odpowiednich momentach daje klientowi poczucie, że troszczysz się o jego komfort i bezpieczeństwo.

Przykład: "Zbliża się zima, więc warto sprawdzić, czy akumulator działa prawidłowo. Jeśli Pan chce, to mogę zapisać Pański samochód na diagnostykę, aby przygotować go na chłodniejsze dni."

Jak rozmawiać z trudnymi klientami, aby utrzymać ich lojalność

W każdej pracy doradcy serwisowego zdarzają się klienci, którzy są trudniejsi w kontakcie - mogą być niezadowoleni z ceny, czasu naprawy lub samego działania serwisu. Ważne jest, by umieć poradzić sobie w takich sytuacjach, utrzymując profesjonalizm i spokój.

Zachowanie spokoju: Gdy klient jest sfrustrowany, bardzo ważne jest, abyś zachował spokój i nie reagował emocjonalnie. Staraj się zrozumieć jego punkt widzenia i zaoferować możliwie najlepsze rozwiązanie.

Przykład: "Rozumiem, że jest Pan niezadowolony z tego, jak długo trwa naprawa. Z naszej strony postaramy się to jak najszybciej rozwiązać, a ja będę na bieżąco informować o postępach."

Oferowanie rozwiązań, a nie wymówek: Klienci doceniają, kiedy doradca nie tylko mówi, że coś się stało, ale proponuje konkretne rozwiązania. Staraj się oferować rozwiązania, które są realne i możliwe do wykonania w danej sytuacji.

Przykład: "Po dokładnej analizie okazało się, że problem wynika z uszkodzenia w tym konkretnym układzie. Możemy wymienić tę część w ciągu dwóch dni roboczych. Dodatkowo proponuję Panu usługę kontroli innych podzespołów, aby uniknąć dalszych kosztów w przyszłości."

Zapamiętaj:

- Skuteczny lider daje przykład - bądź wzorem zaangażowania i profesjonalizmu.
- Zaufanie w zespole to podstawa - regularnie się komunikuj i rozwiązuj konflikty.
- Inwestuj w rozwój pracowników poprzez szkolenia i wsparcie w trudnych sytuacjach.

Rozdział 10: Rozwój kariery doradcy serwisowego - jak stawiać na proaktywne działanie i doskonalenie swoich umiejętności

Doradca serwisowy to zawód, który wymaga nieustannego rozwoju. Aby osiągnąć sukces w tej branży, nie wystarczy wykonywać swoich codziennych obowiązków. Kluczem jest proaktywne podejście, dążenie do poprawy jakości świadczonych usług, ciągłe doskonalenie swoich kompetencji oraz umiejętność wyprzedzania potrzeb klientów. Pamiętaj, że Twoja kariera zależy od Twojej inicjatywy i chęci do nauki.

Proaktywne działanie - nie czekaj, działaj!

W pracy doradcy serwisowego najważniejsze jest, aby być na bieżąco i wyprzedzać potrzeby klienta. Zamiast czekać, aż klient zadzwoni z pytaniem o status naprawy, zadbaj o to, abyś to Ty był tą osobą, która poinformuje go o postępach. Takie podejście nie tylko buduje zaufanie, ale także podnosi poziom profesjonalizmu Twojej pracy.

Zadawaj pytania, nie czekaj na odpowiedzi: Proaktywność to również zadawanie odpowiednich pytań w odpowiednim czasie. Rozmawiaj z klientem o potencjalnych problemach w jego samochodzie, zanim jeszcze zauważy on jakiekolwiek nieprawidłowości. Pozwoli Ci to na wczesne wykrywanie usterek, a klient doceni Twoje zaangażowanie i wiedzę.

Przykład: "Panie Wojtku, zauważyłem, że ostatnio wspominał Pan o problemach z hamulcami. Chciałbym zapytać, czy nadal pojawiają się jakieś trudności, zanim dojdzie do poważniejszej awarii?"

Antycypowanie potrzeb klienta: Proaktywne podejście to również przewidywanie, kiedy klient będzie potrzebował Twojej pomocy. Jeśli wiesz, że niektóre usługi są sezonowe (np. wymiana opon czy przygotowanie auta na zimę), skontaktuj się z klientem, zanim jeszcze zgłosi on potrzebę naprawy.

Przykład: "Panie Adamie, zbliża się sezon zimowy, a Pana auto nie miało jeszcze wymiany opon. Chciałbym zaproponować umówienie się na tę usługę, by mieć pewność, że jest Pan gotowy na trudniejsze warunki na drodze."

Ciągły rozwój - jak inwestować w siebie jako doradca serwisowy

W branży motoryzacyjnej nie brakuje zmian - pojawiają się nowe technologie, narzędzia diagnostyczne czy procedury serwisowe. Dlatego ciągłe podnoszenie swoich kwalifikacji jest niezbędne, by być konkurencyjnym i skutecznym doradcą.

Szkolenia i certyfikaty: Warto regularnie uczestniczyć w kursach i szkoleniach, zarówno tych związanych bezpośrednio z naprawami samochodów, jak i z umiejętnościami miękkimi - komunikacją, zarządzaniem czasem, czy rozwiązywaniem problemów. Certyfikaty i specjalistyczne kursy mogą pomóc Ci zdobyć przewagę na rynku pracy, a także poszerzyć Twoje kompetencje zawodowe.

Przykład: Uczestnictwo w szkoleniu z zakresu nowoczesnych systemów diagnostycznych, które umożliwi Ci lepsze rozumienie potrzeb klientów i bardziej precyzyjne doradztwo.

Mentoring i nauka od innych: Nie bój się korzystać z doświadczenia bardziej doświadczonych kolegów z branży. Ucz się od tych, którzy przez lata zdobywali wiedzę na temat zarówno aspektów technicznych, jak i umiejętności obsługi klienta.

Przykład: "Mój mentor w pracy doradcy serwisowego nauczył mnie, jak ważne jest podejście do klienta i jak ważna jest komunikacja - zarówno w trudnych sytuacjach, jak i w codziennych kontaktach.

Umiejętność sprzedaży - jak nie tylko naprawiać, ale i sprzedawać usługi

Dobre doradztwo serwisowe to nie tylko naprawa i diagnoza problemów z samochodem, ale także umiejętność sprzedaży dodatkowych usług. Rozpoznawanie potrzeb klienta i proponowanie im odpowiednich usług, które poprawią komfort jazdy i bezpieczeństwo, jest niezbędną umiejętnością.

Propozycja dodatkowych usług: Pamiętaj, by w każdej rozmowie z klientem nie tylko skupić się na tym, co jest niezbędne, ale również zaproponować usługi dodatkowe. Będzie to korzyść zarówno dla klienta, jak i dla Twojego serwisu, a także pomoże Ci wyróżnić się na tle konkurencji.

Przykład: "Panie Arturze, zauważyłem, że klimatyzacja nie działa tak, jak powinna. Proponuję więc pełną diagnostykę systemu oraz ewentualną naprawę, gdyż pomoże to w zapewnieniu odpowiedniego komfortu w upalne dni."

Proaktywna sprzedaż usług sezonowych: Nie czekaj, aż klient sam zapyta o wymianę opon czy konserwację samochodu. Poinformuj go zawczasu o konieczności wykonania takich usług, oferując mu dodatkową wartość.

Przykład: "Panie Krzysztofie, zbliża się zima, dlatego proponuję sprawdzenie stanu akumulatora i wymiany opon. Dzięki temu uniknie Pan problemów podczas mroźnych dni."

Niezawodność i budowanie zaufania - klucz do długoterminowego sukcesu

Nie tylko umiejętności techniczne, ale i niezawodność oraz wiarygodność są tym, co decyduje o sukcesie doradcy serwisowego. Zbudowanie zaufania i reputacji doradcy, który zawsze dotrzymuje słowa i służy fachową pomocą, sprawi, że klienci będą do Ciebie wracać, a Twoja kariera nabierze rozpędu.

Dotrzymywanie obietnic: Klienci oczekują, że doradca dotrzyma terminu wykonania naprawy, a także skontaktuje się z nimi w ustalonym czasie. Niezawodność jest kluczowa dla budowania lojalności.

Przykład: "Panie Łukaszu, jak obiecałem, Pański samochód będzie gotowy na czas, a ja skontaktuję się z Panem, gdy tylko naprawa zostanie zakończona."

Anegdota z życia: Na początku mojej kariery doradcy serwisowego miałem klienta, który regularnie przyjeżdżał z drobnymi problemami, ale nigdy nie decydował się na większe naprawy. Dzięki mojej proaktywnej postawie, zaczęliśmy omawiać szczegóły związane z konserwacją i wymianą części, których nie zauważył. Z czasem człowiek ten stał się moim stałym klientem, który nie tylko polecał moją obsługę innym, ale także wracał na każdą drobną naprawę.

Zapamiętaj:

- Stały kontakt po naprawie, np. telefon z pytaniem o zadowolenie, wzmacnia relację.
- Traktuj każdego klienta indywidualnie - pamiętaj o jego preferencjach i potrzebach.
- Zaufanie buduje się poprzez konsekwentne dotrzymywanie obietnic i oferowanie wysokiej jakości usług.

Podsumowanie

Rozwój kariery doradcy serwisowego nie kończy się na codziennych zadaniach. Kluczem do sukcesu jest proaktywność, nieustanne doskonalenie swoich umiejętności, podejmowanie inicjatywy oraz umiejętność sprzedaży usług dodatkowych. Doradca, który nie tylko reaguje na potrzeby klientów, ale również przewiduje je z wyprzedzeniem, buduje trwałe i lojalne relacje, co jest fundamentem sukcesu zarówno w tej roli, jak i w dalszym rozwoju kariery.

Jeśli chcesz dowiedzieć się więcej o budowaniu relacji z klientami i skutecznym zarządzaniu serwisem, zapraszam na indywidualne szkolenia. Razem zbudujemy Twój sukces jako profesjonalnego doradcy serwisowego!

www.ingramcontent.com/pod-product-compliance
Lightning Source LLC
Chambersburg PA
CBHW041127120626
46547CB00019B/2894